JN409463

산뱅이 가는 길

국봉 김종식 시인의 첫 번째 시집

산벵이 가는 길

國峯 김종식 저

시집을 내면서

무수한 별빛과 달빛이 인생의 향연을 노래할지라도 이 사회는 밝음과 어둠의 양면이 있게 마련입니다.

어느 곳을 원하든지 스스로 정할 수는 없지만 밝음의 사회였으면 좋겠습니다.

힘없는 백성들이 위정자들의 눈치를 아니 보고 편히 살 수 있는 그러한 낙원이고 싶습니다.

유년 시절에 써놓았던, 30여 년의 습작을 모아 육필을 훼손하지 않는 범위에서, 습작하던 마음을 최대한 살려 『산뱅이 가는 길』이라는 시집을 내려 합니다.

잘못된 위정자들에겐 송곳 같은 절의를 쏟아내며 질타의 충의를 보내는 메시지이며 세상을 떠나신 엄니의 눈물로 베갯잇 적시며 지새운 서설(瑞雪)이 내린 밤, 비단 버선을 벗고 맨발로 마중 나가 안으려 합니다.

미흡한 이 글들을 모아 엮으며 생각한 것은 나의 작은 꿈 하나를 맛보기 위함입니다. 눈이 내린 강가에서 낚시를 하듯 엮은 이 시집 『산뱅이 가는 길』이, 그래도 어려운 현실에서 작으나마 희망이 되었으면 합니다.

깜깜한 밤에 등불이 필요하듯 각박한 현실에서 잠시나마 이 시집이라도 읽을 수 있는 마음의 여유를 기원합니다.

목천 중니 공자산 기슭 동몽당에서

목차

제1화 질마재를 위한 연가

제2화 함박꽃의 영혼

제3화 반딧불이

제4화 한시

제1화 질마재를 위한 연가

내 유년의 기억은
매일 소꼴을 베고 돼지 풀을 베러
다니면서 뛰어 놀던 산뱅이 냇가며

참외 서리하던 용옥이 누님네 밭
수박넝쿨 뽑아 놓은 순록이 누님네 밭

공자산과 질마재와 황산의 진달래꽃을
따다 담은 두견주와 화전

싸리골(나라실)의 가재며
산뱅이 냇가의 새우며

이제는 유년의
기억으로 남은 추억일 뿐이다.

여름날에

마당가에
모닥불 연기
멍석 위엔 모기가
극성스럽고

손자 녀석 더울세라
할머니가 부쳐 주는 부채
할아버지가 들려주는 옛이야기

은하수 하나
별똥별 하나
유년의 꿈이어라!

모닥불에 익어가는
감자랑 옥수수랑
짧기만 한 여름밤

남산* 서쪽새* 우는 달밤
냇가에 목욕하는 처녀들
훔쳐보는 맛에
모기 무는 줄 몰랐다*

---

* 남산 : 마을 앞산.
* 서쪽새 : 소쩍새 충청도 지역의 방언.

솔향

작은 창문으로 햇살 뿌리면
어느 여인의 절개이냐
어느 선비의 절의냐
동구 밖 노송老松은
지금도 풍설에 있는데

십수 년 타향살이
몸도 마음도 찌들고
몇 푼 안 되는 월급에
자존심도 팔았다

풍상에 굽은 몸이여
세월의 풍상을 아는지 모르는지
많은 나무 속에 섞여
모습은 쉬 알 수 없어도

솔향기 불어오니

짝 잃은 백로는 외다리로
소나무에 앉아 둥지 틀고
너를 바라보는데

그녀와 소꿉장난하던
소나무는 없어졌어도
내 유년의 꿈이 있다
송사리 잡던 내도 여전히 있다.

산딸기

냇물 따라 밭둑길
휘돌아 풀향기
황소 한 마리 노닌다

공자산 큰골 밭둑에
산딸기 탐스럽게 열렸다
할머니가 그러시길
산딸기 밭엔 뱀 있다는데

아마 할아버지
따다 드리시려고 그러셨나 보다
세월이 흐른 지금
산딸기의 효험을 알았다
할머니의 마음까지도

6월의 태양과
정열의 혼인가
꿈도
희망도 함께 익어 피어난다!

숯바리 밭둑에도
큰 골 공자산에도
내 사랑이 익어 꿈이 피어난다.

서낭당

조라지 고개 언덕 밑
소복이 쌓인 돌무지
오색 당실 걸어
바람에 나부끼고

한양 떠난 서방님
언제나 오시려는지
옷고름만 적시울재
서낭당에 돌은 말이 없어라

돌을 던지며 무사 안녕을 빌고
고향 찾느니 웃음 짓고
지금은 없어진 풍경
인적 없는 고갯마루 지키는데

옛날의 화려함도
옛날의 영화도
모두 잊은 채
고향 지키는 이 너뿐인가 보다

(1984. 1. 고향 떠나며)

장터

오늘도 하는 일 없이
장터를 맴돈다
외침의 소리
삶의 절규를 들으며

이 골목 저 골목
외침의 소리 들리는가
삶의 소리 외침이 되어
귓전에 남는다!

조선 천지 만물
잡동사니 가슴에 안고
장돌뱅이 되어
고동친다!

삶이 움직이는
희망을 꿈꾸는
꿈이 있어 그들의
외침은 반도에 울린다.

시골

풀잎에 이슬 맺히면
물꼬 보는 농부
걸음만 바쁘네!

황소가 먹이 찾아 거닐고
아카시아 꽃향기
벌이 날아들 때
댕기머리 여인들도 설렌다!

보리밥 짓는 엄니*의
눈물로 허기를 채우고
감자 캐러 간 누나
조르던 동생 홀연히 군에 가고

홀로 남은 방아깨비
너를 기다린 마음
잊은 적 없어라.

(1983. 5. 시골에서)

---

* 엄니 : 어머니의 충청도 지역의 방언.

그대

이제금
이름 모를 산새 소리 들으며
소금재 언덕 시원한 바람
이마에 닿는다

이름 모를 나무들은
푸르름을 더해 가고
언제 보아도
외롭지 않은 그대들이여

깎아지른 언덕
외로이 선 흑송아!
너의 굽은 몸을
자랑 마라

폭풍한설에 너 꺾일까!

가슴 졸인다.

(1983. 나라실 모내기 후에)

내 고향

굽이굽이 시냇물 보이고
종달새 나는 고향 언덕에
목련이 피었네!

희망도 꿈도
가슴에 품고 서울 가더니
꿈이었네! 진정 꿈이었네!

가슴에 쌓인 한을
눈물로 한세상
시린 마음 한恨이었네

진달래 할미꽃 피는 언덕에
누이 손잡고 화전놀이 갈 때

공자산 서낭당 돌무지
가는 임 오는 임

낙엽만이 뒹구네.

용연 저수지(龍淵池)

자욱한 안개
우렁도 새우도
입질하며 세상을 본다!

풀잎 맺힌 이슬 모아
시어머니 약 달이고
잉어 한 마리 낚아
해산한 부인 달여주려 하는데

질마재 넘어 저수지에
안개 피어오르면
먼지 날리는 산뺑이 가는 버스
구름에 떠가는 듯

왜룽* 모퉁이에
외로이 선 느티나무
아련한 기억 속에서
너를 그리워한다.

(1997. 2. 17. 저수지 둑방에 서서)

---

* 왜룽 : 와룡(이모음 동화현상) → 천안 목천 용연저수지 모퉁이의 지명.

외로움

동구 밖 산모퉁이
외로운 서낭당 느티나무
옛날의 영화 간곳없고

떡시루 놓고 비는
여인은 오간데 없네!

주인 없는 돌무지만 외로운데
눈비는 왜 이리 내리는가

꿈도 야망도
아직은 그대로인데

푸르름을 잃어버린
하나 남은 낙엽
모진 바람에 흔들리고

소복이 쌓인 눈 위의
나그네 발자국만 햇빛에 외롭구나!

(1977. 2. 17. 六唐 金鍾植은 쓰다)

방앗간

동구 밖
물레방아 돌아가면
동네 사람들 다 모여
입담이 오가던 곳

물레방앗간
가재며 올갱이*며
많이도 살더니만

설날이 다가오면
정신없이 돌아가던 물레방아는
기억 속에 아련하지만
이제 돌지 않는다!

방앗간 문
굳게 잠긴 지 오래
먼지만이 발동기 위에 쌓여 있다

가래떡 나누어 먹던 곳
혼담이 오가던 곳
이웃 소식 오가던 곳

올해도 발동기는
돌지 않을 것 같다

---

* 올갱이 : 다슬기의 충청도 지역의 방언.

지게

지아비 고린장* 할 적에
잘도 쓰더니
등이 휜 할아버지 지게 위엔
손자가 앉아 있다

가랑잎 긁어모아
나무 한 짐 해오고
손이 튼 마누라 냉수 한 사발

온 세상 꿈을 안고
겨우내 여름 나무 쌓다 보면
고무신 한 켤레 다 닳았다.

장에 간 아버지 지게엔
고등어 한 손 붕어빵 한 개
할아버지 드릴 박하사탕 한 봉지

이상하게 만든 쇠지게
마당 한구석에 녹슬고 있는데

모내기 하는 날
국그릇은 지게에 지고
밥그릇은 어머니 머리에 이고
굽이굽이 논두렁 길기도 해라

---

* 고린장 : 고려장(高麗葬)의 방언.

보름날 밤

나무 아홉 짐
밥 아홉 그릇
망울에 옷 태우고
쥐불놀이 옷 태우고

밥 훔쳐 먹느라
보름날 밤은 깊어 가는데
동네 똥개는 뜻도 모르고 짖어댄다

할머니 장독에 떡 떼어다 놓고
자식 잘돼라 빌며
아이들이 훔쳐 갈 떡 남겨 놓는다!

장롱 위며 뒷간이며
떡 한 접시씩 떼어다 놓고서
귀신들도 달랜다!

귀밝이술도 먹고
부럼도 깨고
한 해 무병장수 빌며
일찍 자면 눈썹이 희어진다나 어쩐다나

(1997. 1. 15. 보름날에)

봄이 오는 길

스산한 안개비
메마른 대지를 적시는데

흠뻑 적신 대지여
힘찬 고동이 맥박 되어
용솟음쳐 오르라!

아지랑이 저편에
소리 없는 내음 펼쳐지면!

온 동네
풀피리 버들피리 부는
꼬마들 손에서
푸른 생명의 기운이 감돌고

앞산 산새소리
뒷동산 꽃들의 웃음소리
창가에 애기 울음소리
삼 합창이 들려오는 봄이어라

(1985. 3. 30. 성남 태평동에서)

친구

낙엽 뒹구는 황량한 들녘
외로이 서 있는
나무, 나무들

친구들은 하나둘 떠나고,
남아 있는 것 너뿐인가 하여
낙엽에 사연 실어 보내니
꿈이거든 보이게나.

삼거리 능수버들 가지는
한없이 늘어져
길손의 탁주 한 사발
옛날의 영화야 어찌되었든 간에
능소의 애절한 사랑 이야기
아는 이 없건만

꽃도 하늘이어라
임도 하늘이어라
길가에 주막은
허물어져 찾는 이 없고
외로운 정자만
친구를 반기는데

영남루 연못가에
오늘도 연꽃은 피었다

꿈속의 그리움 · 1

①

날은 저물어 오가는 이 없고
뒷동산 부엉이 목 메어 우는데
청솔에 외로운 기러기
아는 이가 없네.

②

저 노송에 백설이 만건곤할 적에
백학 한 쌍 둥지 틀고
집 앞 작은 냇가에 얼음 지치는 조카 놈들
해 지는 줄 모른다.

③

고향 땅 어귀
외롭게 서서 싸워온 느티나무여
산도
들도
변하는데

④

어머니 가슴에 고향이 없는데
인정마저 굴뚝에 연기마저
엄마의 눈물 되어 흐른다!
그래도 동구 밖 공자산 언저리에
엄마의 산소가 있어 좋다.

⑤

초가집 추녀 매달린 고드름
병정놀이엔 칼이요
할아버지에겐 지팡이고
어머니엔 설 정수雪情水인데.

⑥

거무성 돌 틈에 힘없이 서 있는
저 망초는 아는지 모르는지
그저 돌이끼가 옛일을 말해 주고 있다
꿈에라도 그린 고향이여 라고.

꿈속의 그리움 · 2

①

월현산에 매달린
달그림자 길어지면
부엉이 두견새 울고
서쪽새는 외로이 노송에 앉아서
옛날의 영화를 말한다.

②

성불사 느티나무 수령은 알 수 없어도
법당 뒤 왕건이 기도하던 터엔 낙엽만 쌓이고
백학 세 마리 못 이룬 꿈이어라!
미완성 불상만 비에 젖네!
스님의 목탁소리
태조 산에 울리누나.

③

황토 밭길 할미꽃 외로워라
갈바람 속삭임, 갈대꽃 휘날리고
논두렁에 씀바귀 메뚜기 뛰어 노는데.

④

외로워라 할미꽃
슬퍼라 할미꽃
길가에 숨어 흐르는 세월 잊고 간다!
개울가 버들가지 눈망울도
겨울인 듯 말이 없네.

⑤

가슴에 쌓인 무지개 사랑
뭐 그리 어려운지
저수지 물안개 흐르는 길
돌담 호박넝쿨에도
옛 고향의 꿈은 있누나.

⑥

색동저고리 옷소매
설날이련가
꿈도
희망도 접어 가슴에 묻고
명년 춘삼월 개나리 진달래 피거든

동녘 창 밝거든 오시게
꿈도 희망도 모두 말일세.

옛날부터

길가 느티나무 아래
말 없는 장승
제사도 지내고
새 옷도 입혔다

길 가는 이 이정표인가
헤어진 임 기다리다 지쳐
장승이 되어 거기에 서 있다

온 동네 사람들
모두 모여
쌀 한 줌에 떡 한 조각
한 해는 마음 편히 살리라

말 없이 타오르는 소지
하늘로 날아오를 때
내 희망도 따라 오른다!

언제부터 지냈는지
알지는 못해도
할아버지에 할아버지
또 할아버지의 아버지 때부터

동네 어른들은 아직도
정성스레 장승을 모신다!

시골 가는 버스

참으로 오랜만에
시골 버스 대합실에서
시골 가는 산뱅이* 버스
나를 반기는데

서로 먼저 타 자리 잡으려
할아버지 드리려고 산
수박도 바나나도 깨지고 으서졌다
저녁 밝힐 램프마저 깨졌다

선반에 올려놓은 보따리에서
생선이 녹아 비린내 나는 물이
머리에 떨어져
차 안이 온통 난리지만
당숙에 조카에 동네 아주머니에

모두가 집안 어른들

산뱅이 가는 시골버스 안
먼지가 차 안에 가득 들어와도
그칠 줄 모르는 이야기에
내릴 곳을 지나쳤다.

* 산뱅이 = 삼방이. 충청도 천안시 목천읍 송전리의 삼방이 또는 산뱅이의 지명.

가슴에 남은 그리움

풀 향기 가슴에 남아
하루 또 하루
내일 또 내일

쓰라린 혼불이 떠도는데
공자산 달그림자 친구 되어
그곳에 남아 있어

저녁 노을 드리운 날에
기러기 친구 되어
공자산孔子山 떠돈다.

꿈이었으면
한날 꿈이었으면
그리움으로 남아

공자산 언덕 꽃길 되어
비가 되어 돌아오네!

저수지 물안개 꽃길이
요순산堯舜山 되어
가슴에 남은 그리움으로
눈물이 되어!

기러기

흑성산 석양 노을 길어지니
할일 없는 노인
옛이야기 길어질 때
산새도 돌아오는데

길가에 말 없는 장승만
비바람도 모질어라!

뒤뜰에 높은 은행나무
세월은 알 수 없어도
작년에 왔던 백로는
돌아오는데?

흘러간 세월
흘러간 인생
반딧불에 싣고 오려나? 가려나?

먹 갈아 인생 갈고
이마에 새긴 주름
반백이 된 인생
뒷동산 진달래 붉기만 하여라.

(『한비문학』 2008년 8월호 발표)

소풍 가는 날

산길 따라 꼬불꼬불
한나절 걸어 만일사
낭떠러지 지날 때 가슴 조이고

바위에 큰 느티나무
오백 살은 되었을 텐데

널브러진 바위
보물찾기하다 찾은 하늘소
높은 나무 딱따구리도
보물찾기하는데

임은 거기 없고
굴속에 숨은 연꽃
연기 되어 오르는데

대문 바위가 오라 하네

교장 선생 훈시야 알 리 없고
삶은 계란 한 개에
세상 다 가졌더니만
아이스케기 한 개에 자존심을 팔았다

담임선생님께 줄 담배 한 갑
바가지에 싸온 점심
진달래 핀 언덕에
아지랑이 노랑나비 친구 되어 난다.

(『한비문학』 2008년 8월호 발표)

연줄 끊기

동짓날 새벽
할아버지 졸라 만든 연
친구 놈들 하고 연싸움에 졌다

할아버지 정성으로 만들어진 연
하늘 높이 정성이 난다!
거기엔
꿈도 희망도 난다!

연싸움에 줄 끊어져 진 오늘
할머니 졸라 또 만든 연
유리를 곱게 빠 연줄에 풀 먹이고
천하무적이 되어 버린 연
지금도 난다!

서울 대학 다니던 형은
연을 띄워 놓고서
분도기로 연의 높이를 재어
연필도 주고 빵도 주고

집 뒤 높은 나무
까치 운다
공자산 꼭대기 날아간 내 꿈
연줄에 달아 보낸다.

(2004. 9. 10.)

홍시

앙상한 가지
외로이 매달린 홍시
붉게 익은 홍시 하나
왠지 황량한 가을

소리 없이 내린 눈
반쯤 덮인 홍시 하나

까치밥이더냐
길 잃은 나그네 요기더냐

언 홍시와 함께
깊어가는 겨울밤
화롯가엔 알밤이 익어 가는데

할머니 할아버지의
사랑이 익어
깊어 갑니다!

소리 없이 내린 눈
문설주에 쌓이고

엄마의 사랑
홍시와 함께
이 겨울에 익어 갑니다.

(1983. 11. 17. 첫눈을 기록하며)

국화 연가

쓸데없는 친구가
내 몸 훑고간 자리
참이슬 친구 되어 노니네!

밤이슬 찬 서리
옷깃을 여미는데
덧없이 활짝 핀 국화여

무심히 지나친
벌들이 찾아오고
미소 짓는 마음 그리 있는데

꿈을 갖고 고향 떠난 친구 놈
지팡이 의지하고 찾은 고향집 뜰에
주인 없이 핀 국화여

가슴 여미는 향기로
하루 또 하루

흰 구름 떠도는
앞동산 언덕
국화꽃 향기
한 줌 훔쳐 돌아온다.

(2004. 10. 9.)

가을걷이하는 날

광주리에
이고 지고 들밥 내가던
고향 땅 언덕

가을걷이하는 촌부는
지친 허리 움켜쥐고
하늘만 바라보는데

막걸리 걸친 벼 베는 기계
저 혼자 논다
벼 베는 기계 주인
심통이 나서
담배만 피우는데

우유 한 개 빵 한 개
허기만 면하고
그 분주하던 날

오가던 들밥도
주고받던 막걸리도
주인은 떠나고
허망한 그늘만 떠돈다.

그 들녘엔!

가을은 가는가

황량한 들녘
뒹구는 낙엽 따라
외로이 걷는 이 누구더냐

뼛속에 여미는 바람결
바바리 하나에 의지하여
모진 세월 잠시 잊고

외투 깃 세워
허기진 배 움켜쥐고
돌담길 따라 힘없는 발길이여
내 여기 있네!

병든 내 마음
가을바람 찬 서리
오늘도 부는데

외로운 그림자여
꿈을 꾸었다네.

(2004. 10. 10.)

별의 친구 되어

하늘 볼일도 없는 요즘
뭐가 그리 바쁜지
숨 쉬는 시간도 쪼들린다네!

하늘을 올려 봐도
뿌연 연기뿐

한적한 시골길
내 여인과 걷던 그 길
유난히 별이 쏟아져
그녀 가슴에 묻히던 날

가슴에 꿈을 담아 그리던
그녀는 오늘도 예 있는데
그 곱던 마음 아줌마 되어

험난한 세상과 싸운다.

별이 무수히 쏟아진 어느 날
가슴에 그린 마음
별의 친구 되어
그녀의 가슴에 친구 되어
그리움으로 남는다.

(2004. 10. 16.)

은하수 일기

견우직녀 만나던 날
그녀는 울었다

그리움에 지친 어느 날
오작교 만들어
오늘에야 왔단다.

은하수 쏟아지는 날
내 마음 전하고
어디선가 들려오는
풀피리 애간장을 녹이는데

강남 갔던 제비 돌아오고
그 푸르던 들녘엔
황량한 바람 친구 되어

허수아비만 지킨다!

은하수 친구 되어

꽃가마 타고
시집가던 날
그리움도 가슴에 묻었다.

(2004. 10. 15.)

땅따먹기

온종일
비석치기 구슬치기 땅따먹기에
해는 저문다!

저녁은 먹지도 않았는데
땅따먹기 할 사람 여기 붙어라!

김칫국에 밥 말아 먹고
애들 나와라!

땅따먹기 할 사람 빨리 나와라,
또 달밤은 깊어간다

술래잡기하다
짚동가리 숨어 잠들고

마당에 금 그어 놓고서
땅따먹기하는데
감나무에 달이 걸릴 때쯤
울 엄마 호통에 잠들어 그린 지도
우리 동네 어디쯤일까?

그때 사놓은 땅
지금도 있을까나?

그림자 밝혀주던 반딧불
지금도 날까나?

그리움 가슴에 담아
먼 산 바라볼 때
기러기 한 쌍 여전히 나는데

여전히 꼬맹이들 발가벗고
물장구에 해 저무는데

그때 땅따먹기해 따 놓은 땅
어디인지 알 수 없네!

길가 이름 모를 꽃들 피고지고

그때 그 꼬맹이 날 반기네.

제2화 함박꽃의 영혼

함박꽃의 영혼은
엄니의 혼입니다

엄니가 공자산으로
소풍 가시던 날

함박꽃은 참으로
붉었습니다.

공자산으로 소풍 가신 지가
20여 년입니다

가슴에 사무친 한을
눈물로 베갯잇을 적시며 풀어 놓습니다

어머니 기일

우리 집 뜰에
울 엄마가 심은
함박꽃이 화들짝 피어 있다

어려운 살림 시골생활에
지쳐 힘이 드실 때면
배시시 웃으신다!
함박꽃처럼

울 엄마 세상을 버리신 날
유난히도 함박꽃이 고왔다
붉다 못해서 검었다

곱기도 하더니만
꽃상여 떠나는 날에

꽃도 졌다

오늘은 함박꽃이
화들짝 피었다
곱게도 붉게도 아마도
어머니 기일인가 보다

종일 어머니 생각에
밥을 굶었다.

종일.

꽃상여

뭉게구름 사이
임을 모시고
꽃상여 멀어진다!
세모시 곱게 단장하고

어머니 한은 가슴에 묻고
아버지의 정은 골짜기에 묻고
호랑나비 친구 되어

흰 꽃에 싸여
처자의 눈물에 싸여
초가삼간 언덕에 두고
꽃상여 멀어진다!

눈물도 미련도
정도 한도
꽃상여를 원망할까 보냐!

꽃상여는 노랑나비 친구 되어

흰 구름 한 줌
먹구름 한 줌
머물다 가는데

동구 밖 꽃상여 나풀나풀
눈부시게 오는데
한도 정도 미련도
모두 싣고 간다!

마지막 가는 길에
노랑나비 친구 되어
박꽃이 시들고

돌담 가 흘린 눈물
정이 되려나
한이 되려나

이제 다시
탈 수 없지만
그래도 집 뒤 감나무
홍시는 익어 갑니다.

장독

공자산 자락 우리 집
뒤곁에 조그마한 장독대

밤나무 가지 베어다
울타리 만들고
왼 새끼줄에
숯이랑 솔가지랑 금줄 달고

오월의 장이 익어
우리 집 대를 이어간다!

수줍은 나팔꽃이랑 채송화랑
우리 엄마 노니는 곳

울 할머니 시집살이 숨이 차면
장독에 물 뿌리고 청소하고!

떡 해 놓고서 치성 드리는
울 할머니
바람은 무엇일까

비바람 풍상에 주름진 세월
대답은 없어도
울 엄마 웃음이 보일 듯 말 듯.

물레

물레가 돈다!
흰 목화솜이 실이 되어
아낙의 눈물까지

천년 한에 쌓인
이 — 가난
이 — 고통
가슴에 쌓인 한숨까지

밤은 삼경인데
윗방 호롱불 벗하여
시아버지 생신에 드릴
명주 한 필

첫닭은 우는데
졸음에 겨워
잠이 든 울 엄마
또! 날밤 지새우려나 보다.

여인의 꿈

아픈 마음 달래는
산사의 범종 소리
산사의 고혼이 서린 외로운 넋

오솔길 돌아
옛날의 한도 있으련마는
법당에 촛농만이 흐른다.

달도 별도
밤새 지고 남은 이
범종의 그림자여라

이름 모를 만삭의 여인
계집아이 손잡고 불공드리는
여인의 꿈은 뭘까

밤을 새워 어린 딸 손잡고
탑을 도는 이유는 뭘까!

쉼 없이 들려오는 목탁 소리
산자락에 남는구나……!

사랑방 이야기

어느 해 겨울
우리 마을에 전기가 들어와
동네에서 맨 처음으로
텔레비전을 샀는데

고구마 열다섯 가마니
농사가 전부였고
엄마는 매일 고구마 삶아서
동네 사람 대접했다.

겨우내 마실 손님이 오가고
갈 떡이 오가고
새끼 꼬아 가마니 짜고
겨우내 소죽 쑤어
송아지 길러 손자놈 대학 보냈다

사랑방 문살에 햇살
드리우면
아무 일 없다는 듯
할아버지 사랑방에 불을 지피신다.

---

* 1976년 12월 26일 전기가 처음 들어옴.

유월의 어느 날

유월의 폭염 아래
담뱃잎이 익어간다
개울가엔 새우며! 가재며!
찬거리가 지천이고

시원스레 소나기
한 줄기 쏟아지면
뒷동산 무지개
아름다워라

콩밭 매는 아낙의
삼배 적삼은 땀에 찌들어
무딘 호미 날 힘에 겨워 집어던지고
개울가 누워 하늘을 보니
세상 부러울 게 없더니만

군에 간 자식 소식 없고
식모 살러간 막내딸도 소식 없네!

장에 간 서방 마중 가는데
달은 왜 이리도 밝으냐!

두 모정

동지섣달 긴긴 밤
문설주에 기대선 두 연인
엄마 자장가 짧기만 하여라.
할머니 자장가 길기만 하여라.

은행잎 떨어진 황량한 들녘
잘 익은 월하 감 한 개
할머니 드리고
울 엄마는 할머니 몰래 두 개 드렸다

엄마 젖 먹고 돌 지나
젖 뗄 무렵
할머니 젖 먹고 자라났단다.

그놈은 반백이 되어
등이 휜 몸으로
하루 또 하루 힘겨워하는데

뼛속에 스며드는 외로움이여
울 할머니 울 엄마 그리워
그리움 드리워지면

공자산 곱게
단풍든 날에 소풍가련다.

(2004. 10. 12.)

태조산

꼬꼬바위는 그 옛날
덕회산이더냐
왕자산王字山이더냐

진달래 철쭉은 붉게 물드는데
식모 살러간 막내딸 소식 없고
진달래 꺾어 먹으며
황산에 놀던 누이 시집가던 날
태조산 꼭대기 별은 유난히도 밝았다

희미한 등잔불 아래
양말 깁는 어머니는 졸고
할머니 옛날이야기
밤은 깊어 가는데

보리방아 찧던 작은엄니
상역골 친정에 마실 가시고

모닥불 옆 똥개는
꼬랑지 타는 줄 모르고 조는데
태조산 서쪽새는
이 밤에도 임 그리워 우는구나

(1997. 3. 10.)

제3화 반딧불이

오뉴월의 밤하늘을 수놓은
반딧불이는

내 여인과의 사랑
입니다.

내 일생을 함께한 여인
뜸북이에게 이 글을 바칩니다.

까치 우는 날에

마당가 감나무에
까치가 운다!
왠지?
좋은 일이 있을 것만 같다

길 가다
동전 한 닢 주웠다
할머니 과자 사드려야지

저녁 늦게
집 뒤 대추나무에
까치가 운다!
화장실 갔다오다 넘어졌다

우체부 아저씨가
편지 가지고 왔다
내 여인 거.

애인

태조산 찬바람
옷깃을 여미고
좌불상의 인자함이
초향이의 마음 잡는다!

칠십칠 연화봉*
봉우리마다 한 맺힌 사연 있어라
초향과 죽용은 고개 숙여
기도하는데

성불사 스산한
갈대 소리 풍경 소리
찾는 이 걸음을 멈추고
백학 세 마리 정성 모여 하여라.

한 부리 한 부리
찍어 못 이룬 불상이
그 모습이 수려하고
태조산 수선한 갈바람
초향이 머리카락 날리는데

칠십칠 연꽃 봉오리
너의 마음 나의 마음
심어 놓고서 가자꾸나!

(1983. 11. 16. 초향이에게 목천에서)

---

* 연화봉 : 대조산의 봉우리가 77개여서 연꽃이 활짝 핀 현상을 하고 있다 전한다.

임

임이 있어 임이요
정에 쌓이어 임인데

일설一雪에 꽃이 되어
피어나니 모국母菊이구나

정으로 엮이어 피어나니
그 향기 천 리에서 못 맡을까마는
그 향기 꽃잎에 띄우나니
임의 뜻은 구만 리로구나

가슴에 남은 그리움으로
피를 토해 우는 밤
서쪽새 친구 되어
지새우는데

향산에 서린 한
향불 한 줌 흙이 되어
천년 후에 만나거든
꿈인가 하노라.

나무장수

산 너머 김 서방
나무 팔고 숯 팔아
부인에게 줄 꽃신 사서
가슴에 품고 꼬불꼬불
삼십 리 달도 밝아라!

예쁜 색시
어디서 왔는지
누구의 딸인지 아무도 모른다.
색시 글도 많이 알고
많이도 예쁜데…
새색시 많이도 좋아한다
신지도 않고
가슴에 안고서 잠을 잔다
자는 얼굴엔

웃음이 피어난다

서쪽새 우는 밤
문설주에 기대어
흘린 눈물
목련이 되어 돌아왔노라!

그대 가슴에 드리워진 그리움

오너라!
험난한 여정 힘이 되어
내 여기 있는데

한없이 그늘 드리운 날
땅속 저 밑에 묻힌 나비 되어
쓴 술잔에 가득한 기쁨

하늘의 첫 번째 문이 되어
숱한 세월 가슴에 묻고
좋은 꽃 되어 하늘 난다.

꿈이거든 오시게나.
안개꽃 드리워진 마음
꽃가마 되어

물안개 안주 되어

오늘의 시름 드리우면
들국화 한이 되어
길거리에 뜻 없이 스러져간
임이어라

그대 가슴에 드리워진
그리움으로

목천 연가

남벌 언덕 정승골
정승 상진이 태어나고
자란 곳 상정승봉이요

성말 언덕에 하얀 집
목천의 자존심 목천중학교이고

홍문골 뒤 서리
아흔아홉 칸 기와집
대록*의 자존심 철기 이범석 생가란다

동리 언덕 왜가리 날고
꽃들은 피고 지고 또 피고
이동녕 정인보 선생
태어나고 공부하시던 곳

어른들의 혼을 묻고
눈물을 묻어
가슴에 그리움 남아도

왜가리 친구 되어
낙엽 뒹군 허망함이
나는 거기에 그냥 있네
그리움을 가슴에 묻고

---

* 대록 : 목천의 옛 이름.

일야 목성야곡(日夜木聲也哭)

보이는가?
성말 언덕에 지팡이 의지하고?
힘겹게 올라가는 뒷모습!

보이는가?
목천 개울 징검다리 건너는 뒷모습
무심이 던진 돌 새 옷이 젖네

흔든다 하여 흔들리는가?
봄은 온다.
성말 언덕에 이쁜 라일락은 피었다.

들리는가?
남양주 인천 서울 청주에서
밤새 통곡의 소리!

봉홧불은 피어올랐는데
사랑도 평화도
이 세상 남김없이

산 자여 날 따르라……!?

쉰 살 비애(悲愛)

어—허
벌써 50이라지!

왜 왔는가?
반기는 이도 없는데!

예서 뭘 하는가?
꿈꾼다네!

글쎄!
내 뜻은 아닐세!

산뱅이 냇가,
버드나무도 50이 넘었다지?

머리는 왜! 그런가?

간밤에 도둑 들었다네!

얼굴은?
간밤에 도깨비 놈이 왔다갔다네!

눈은?
저녁에 날파리가 들어와서 수수깡 안경을 썼다네!

신 오적은新 五賊?
아직 살아 있다네!

제기랄—
그새 50이냐?
뭐 남긴 것도 없는데!

(2004. 9. 10.)

산뱅이 가는 길

집 뒤 높은 은행나무에
오래된 까치집 5남매 둥지 틀어
온몸으로 비 가리게 되어
그곳에 앉아 있다.

흙먼지 뿌연 사이로
흑성산 가물거리고,
할일 없는 왜가리 백로는
늙은 황소 따라 다닌다.

화전놀이하던 친구며
가재며 새우며
모두 고향 떠나고
돌무지만 그냥 거기 있었네.

여름밤 횃불 밝혀 밤고기 잡아
끓인 어죽으로
밤새는 줄 모르고
건배 또 건배.

흙먼지 나는 산뱅이 그 길
오늘도 흑성산은
지켜보고 있다.

산뱅이에서

제4화 한시

어느 날 문학의 꽃인
한시에 관심을 가지게 되었는데
너무나 격식이 어려웠다

아무리 공부를 해도 미지의 세계인
한시를 나름 지어
남겨보려 한다.

滿雪(만설)

山河瑞雪　萬坤坤 (산하서설　만곤곤)
人間微物　無不知 (인간미물　무불지)
山川不變　人間變 (산천불변　인간변)
世相人心　杜楠去 (세상인심　두남거)

天子無不　通用告 (천자무불　통용고)
鬪爭上下　難回避 (투쟁상하　난회피)
仲尼千變　微物取 (중니천변　미물취)
千年歲月　虛送嫁 (천년세월　허송가)

---

* 杜楠 : 두보가 외출했을 때 정원의 녹나무를 몰래 베어 간 데서 유래한 말로 도둑들의 의시어로 쓰인다.
* 嫁 : 가다. 흐르다. 향하다. ~하다. 시집가다.
* 仲尼 : 공자의 자. 성현의 대명사로 쓰임.

산천의 설경은 별천지를 이루는데
인간은 미물이라서 알지를 못하고
산천은 변하지 않는데 사람만 변하여
세상 모든 인심 훔쳐 간다네!

천자의 가르침 외면하더니
서로 싸워 갈 곳을 모르고
성현의 도리 취하지 못하여
허송세월 천년이 흐른다.

道(도리)

發花萬山 共得香 (발하만산 공득향)
東北是望 大麓川 (동북시방 대록천)
前生至德 今此命 (전생지덕 금차명)
發福後孫 祈原原 (발복후손 기원원)

山河瑞雪 萬坤坤 (산하서설 만곤곤)
宮失落鄕 梅花友 (궁실낙향 매화우)
纘纓不色 根本樂 (찬영불색 근본락)
昔人嘲弄 羅船去 (석인조롱 나선거)

---

* 纘纓 : 벼슬이 이어지다.
* 嘲弄 : 조롱하다.

동산에 꽃향기는 만발하고
고향 하늘 그리워 목천 땅 바라보면
전생의 덕으로 더한 목숨
후손 발복을 비는구나

산하는 눈으로 덮여 별천지를 이루고
낙향하여 매화를 벗 삼았는데
양반을 자랑하고 근본을 자랑하는데
옛 사람이 조롱하며 지나가네.

夢中 桃花園(몽중 도화원 : 꿈속 무릉도원)

桃花滿開 愛有丘 (도화만개 애유구)
山山獨羈 有友情 (산산독기 유우정)
西山日光 心桃花 (서산일광 심도화)
戀戀歲月 失君而 (연연애월 실군이)

峰心歌肌 桃花色 (봉심가기 도화색)
青山桃花 君遲項 (청산도화 군지항)
近遠夢中 見訴君 (근원몽중 견소군)
殘四月而 君愛事 (잔사월이 군애사)

日屬紅花 紅愛火 (일속홍화 홍애화)
仔束縛愛 桃花留 (자속박애 도화류)
留心愛火 種還生 (유심애화 종환생)
天子歲失 夢武陵 (천자세실 몽무릉)

---

* 獨 : 홀로 독, 羈 : 나그네 기, 肌 : 살 기,
遲 : 늦을 지, 屬 : 속하다, 잇다 속.

복사꽃 흐드러지게 핀 언덕엔 그녀의 사랑이 있고
첩첩산중 외로운 나그네 벗이라도 있으련마는
서산 노을 벗하여 가슴으로 안은 복사꽃 그대여
연모하다, 연모하다 세월을 잊은 그대여

봉긋한 가슴으로 노래한 복숭아 빛 살결
청산의 도화는 목 놓아 그대를 기다리고
가깝고 멀고 꿈속에서라도 보고 싶은 그대여
잔인한 사월일지라도 그대만을 사랑합니다

햇무리 너울져 오면 연분홍 사랑 타오르고
밧줄로 동여맨 사랑은 도화원에 머무네!
가슴에 남은 사랑은 불씨 되어 환생하였는가!
천자도 세월 잊은 곳 꿈속의 무릉도원

愛歌(애가 : 사랑의 노래)

天地之間 愛河謳 (천지지간 애하구)
夜天袗繡 銀河水 (야천진수 은하수)
花雲閒雅 而按擔 (화운한아 이안담)
當身伺俟 道永遠 (당신사사 도영원)

하늘과 땅 사이 사랑을 노래하고
밤하늘 수놓은 은하수여
꽃구름 한 아름 앉고서
영원토록 당신을 기다립니다,

---

* 袗 : 수놓아 꾸민 옷 진.
* 繡 : 수놓다 수
* 閒 : 틈 사이 한. 받아들이다 한.
* 按 : 어루만지다 당기다 안.
* 擔 : 짊어지다 들어 올리다 담.

思(사)

我思訪原 (아사방원)
試時備批 (시시비비)
沁頁投昏 (심혈투혼)

怒理思恬 (노리사념)
無有有無 (무유유무)
回寒心慄 (회한심율)

내 생각의 근원은 무엇인가
고달픔과 싸우는 이때에
죽고 싶은 이 마음을

성냄을 다스려 마음 고요해
없는 게 있고 있는 게 없으니
찬 마음이 돌아온다네.

人生(인생)

明月穿樹 鶴樓空 (명월천수 학누공)
苦憶上月 孔子山 (고억상월 공자산)
窓前更有 秋葉雨 (창전갱유 추엽우)
雨中相思 淚幾行 (우중상사 누기행)

夢中歡笑 在君傍 (몽중환소 재군방)
明月何時 不憶君 (명월하시 불억군)
從世役役 走紅塵 (종세역역 주홍진)
白頭蓮知 老此身 (백두연지 노차신)

---

* 淚 : 눈물 누, 笑 : 웃을 소, 傍 : 곁 방,
  塵 : 티끌 진, 歡 : 기쁘다 환

달은 숲을 비추고 학은 나뭇가지에서 조는데
그리웁구나 공자산에 뜬 달.
창밖의 빗소리에 낙엽이 지니
비 오는 밤 하염없이 눈물만 흐르네.

꿈에라도 그대 품에 안겼으면
달 밝은 밤 어느 땐들 잊으리오.
한세상 허둥대며 살다 보니
머리는 연꽃처럼 희어지고 몸은 늙네.

解脫(해탈)

日我見者 每笑好 (일아견자 매소호)
月我見者 每忍耐 (월아견자 매인내)
海我見者 每靜淹 (해아견자 매정엄)

岩我見者 每緘口 (암아견자 매함구)
木我見者 每不變 (목아견자 매불변)
風我見者 每畸諺 (풍아견자 매기언)

---

* 靜 : 고요할 정, 淹 : 담그다 엄, 緘 : 봉합하다 함, 畸 : 기이하다 기, 諺 : 속되다 언.

해는 나를 보고 마냥 웃으라 하고
달은 나를 보고 참으라 하고
바다는 나를 보고 고요함을 닮으라 하고

바위는 나를 보고 함구하라 하고
나무는 나를 보고 변치 말라 하니
바람은 나를 보고 바보라 속닥이네.

春夢(춘몽 : 봄날의 꿈)

人生浮雲 夢一成 (인생부운 몽일성)
正道五十 虛妄而 (정도오십 허망이)
白首多齒 目沈沈 (백수다치 목침침)
天鳥往來 何故鄕 (천조왕내 하고향)

인생은 뜬구름 꿈 하나 이루고
정도 오십 년 삶은 허망함이여
흰머리는 늘어 눈이 침침한데
하늘을 오가는 저 새는 고향이 어디인고!

---

* 虛 : 모지라다 허, 沈 : 잠기다 침, 鳥 : 새 조.

花雨(화우 : 꽃비)

花雨心搖 女春風 (화우심요 여춘풍)
明月花落 鼓擗至 (명월화락 고벽지)
東風無言 痕衍而 (동풍무언 흔연이)
東山杜鵑 亢鳴聲 (동산두견 항명성)

꽃비는 봄바람에 여인의 마음을 흔들고
꽃 떨어지는 달밤 가슴을 두드리는데
동풍은 말이 없고 흔적만 남아
동산의 서쪽새 목 놓아 울었어라

---

* 搖 : 흔들리다 요, 鼓 : 두드리다 고, 擗 : 가슴을 치다 벽, 痕 : 흔적 은, 衍 : 넘치다 연, 亢: 목구멍, 오르다 항.

虛慾(허욕 : 허망한 욕심)

權不十年 操虛慾 (권불십년 조허욕)
春來桃花 乾坤遂 (춘래도화 건곤수)
獄中十年 後孫禍 (옥중십년 후손화)
死後二坪 君豪奢 (사후두평 군호사)

십 년도 못 가는 권세로 허욕을 부리고
봄이면 도화가 만발하여 별천지를 이루는데
옥살이 십 년은 후손에겐 치욕이 되게 하고
죽어 두 평의 땅도 그대에겐 호사로다

* 慾 : 욕심 욕, 遂 : 이루다 수, 禍 : 재화 화,
豪 : 호사 호, 奢 : 사치할 사.

山桃花(산도화 : 산복숭아꽃)

夢中桃園 別天地 (몽중도원 별천지)
花者第一 山桃花 (화자제일 산도화)
纘纓姿態 光無限 (찬영자태 광무한)
人以不知 盲者目 (인이불지 맹자목)*

꿈속의 무릉도원은 별천지이고
꽃 중의 제일은 산 복숭아꽃인데
선비의 자태인가 무한이 빛나
사람이 눈이 멀어 알아보지 못하네

---

* 桃花 : 복숭아 꽃.
* 桃園 : 무릉도원을 말함.
* 纘纓 : 갓끈이 이어짐. 즉 벼슬이 이어짐.

天明(천명 : 바른 길)

崑崙之玉 (곤륜지옥)　河之邊石 (하지변석)
青山明月 (청산명월)　西山落海 (서산낙해)

杜楠文人 (두남문인)　不士根本 (불사근본)
萬折必東 (만절필동)　非禮不動 (비례불동)

天字脫冠 (천자탈관)　得辱一點 (득욕일점)
雲松間月 (운송간월)　天地連情 (천지연정)

---

* 두남 : 두보가 외출한 틈을 타서 정원의 녹나무를 베어 간 데서 유래한 말로 도둑들의 의시어이다.

* 천자탈관 득욕일점 : 천탈관이 득일점하고 내실장이 횡일대(天脫冠而 得一點하고 乃失杖而橫一帶)에서 유래한 말로 김삿갓의 시에 나온다. 이것을 파자하면 하늘 천에서 모자를 벗고 점 하나를 얻었다 함은 개 견자(犬)를 이름하며, 내실장이 횡일대라 함은 내자가 지팡이를 버리고 허리띠를 둘렀다 함이니 아들 자자(子)를 이름이니 개자식이란 말이 된다.

곤륜산의 옥도
하천변의 돌이여
청산의 밝은 달도
서산에 지는 해와 같네!

문학을 도둑질하더라도
근본은 선비가 아닌데
이곳에서 반드시 일어나
예가 아니면 움직이지 않으니

벼슬길에서 물러나도
평생의 작은 치욕 남기네
달은 구름과 소나무 사이로
천지간에 정으로 이어지네

愛心(애심 : 사랑하는 마음)

雲秘月香 (운비월향)
任心其逍 (임심기소)
盜愛杜宇 (도애두우)
逍天仲尼 (소천중니)

雲我隨隨 (운아수수)
愛歌鳴自 (애가명자)
秋風朋友 (추풍붕우)
汝而其伺 (여이기사)

---

* 秘 : 숨길 비, 逍 : 거닐 소, 隨 : 따르다 수,
  鳴 : 울다 명.
* 仲尼 : 공자의 자. 여기서는 필자의 고향 중니를 말함.

구름 속의 달은 향기로 남아
임의 가슴에 노닐고
서쪽새는 사랑을 도적질하여
고향 하늘 노니네

구름은 나를 따라와
사랑을 노래하고
가을바람 친구하여
너를 기다린다오!

幻生(환생 : 허깨비 같은 삶)

天下別坤 (천하별곤)
武陵九萬 (무릉구만)
聖君理移 (성군이리)
赤壁千里 (적벽천리)

愛何不城 (애하불성)
天星愛歌 (천성애가)
夜行同知 (야행동지)
七星傳烏 (칠성전오)

---

* 別坤 : 별천지를 말함.
* 武陵 : 무릉도원를 말함.
* 赤壁 : 오르지 못할 절벽. 붉은 암벽.
* 七星 : 북두칠성을 말함.

하늘 아래 별천지는 어디인고
무릉도원은 구만 리요
성군은 모두 떠나고
적벽은 천 리로다

사랑은 성벽도 어쩌지 못하고
하늘의 별을 노래하네
이 밤에 동행하는 자여
칠성가 전해다오

流德(유덕 : 흐르는 덕)

太祖山頂 明月星 (태조산정 명월성)
松間風媚 心貞鳴 (송간풍미 심정명)
千年歲月 不正氣 (천년세월 불정기)
明德千里 流不知 (명덕천리 유불지)

태조산 꼭대기 밝은 달과 별은
소나무 사이로 바람은 곧은 마음 울리니
천년 세월 그것은 변치 않는데
명덕은 천 리나 흐르는 것을 알지 못했네

---

* 太祖 : 사람의 성품. 높은 산.
* 風媚 : 아첨꾼.
* 明德 : 명성을 말함.

徠冬(래동 : 겨울은 오는가)

三角妙峯 淸風徠 (삼각묘봉 청풍래)
春風一角 如三秋 (춘풍일각 여삼추)
遠近味覺 今與秋 (원근미각 금여추)
自省美服 寒夜冬 (자성미복 한야동)

삼각산에 바람은 불어 봄이 오는데
봄바람은 어느새 가을을 재촉하는구나
이제 가을이 멀지 않았으니
아름다운 옷을 입어도 겨울밤은 춥겠구나.

---

* 覺 : 깨달다 각, 與 : 주다, 베풀다 여,
美服 : 아름다운 옷, 寒 : 찰 한.

亡 日本(망 일본)

日本大地震 (일본대지진)
天地分揀無 (천지분간무)
四萬罹災民 (사만이재민)
失死數千命 (실사수천명)

日本列島地 (일본열도지)
原子力發電 (원자력발전)
爆發人類災 (폭발인류재)
被爆災殃顫 (피폭재앙전)

避難行列之 (피난행열지)
千里行連接 (천리행연접)
人間微物之 (인간미물지)
災殃何不知 (재앙하불지)

---

* 顫(전) : ~으로부터 떨다.

일본의 큰 지진으로
천지간을 분간할 수 없고
이재민이 사만여 명에 달하며
수천 명이 죽거나 실종되었네!

일본 열도는
원자력발전소가
폭발해서 인류의 재앙인
피폭의 재앙으로 떨고 있네!

피난의 행렬은
천 리나 이어졌고!
인간은 미물이라서
재앙을 어쩌지 못했네!

無罪 春雨(무죄 춘우 : 죄 없는 봄비)

春來雨中 謹審愚 (춘래우중 근심우)
日本地震 大海日 (일본지진 대해일)
爆潑原子 大災殃 (폭발원자 대재앙)
後患韓國 民心顫 (후환한국 민심전)

韓國堋垜 泰山孌 (한국붕타 태산련)
誠金後援 日本扶 (성금후원 일본부)
獨島本國 妄言是 (독도본국 망언시)
天脫冠而 得一点 (천탈관이 득일점)

誠金後援 狂人及 (성금후원 광인급)
獨島韓國 永遠地 (독도한국 영원지)
東海偎島 朝鮮心 (동해외도 조선심)
日月天地 朝鮮矗 (일월천지 조선촉)

---

* 顫 : 떨 전, 堋 : 묻을 봉, 垜 : 쌓을 타, 孌 : 이루다 연,
狂 : 미칠 광, 偎 : 외로울 연, 어렴풋이 연.

봄비 오는데 근심인가 우환인가
일본의 지진으로 큰 해일이
원자력발전소가 폭발하는 재앙이 되어
후환으로 한국의 민심은 떨고

한국으로 몰려와 태산을 이루어
성금을 걷어 일본을 도왔는데
독도는 일본 땅이라고 망언을 하니
개 자식들이구나

성금 후원은 미친 짓이요
독도는 영원한 한국 땅이니
동해의 외로운 섬 조선의 심장
조선의 해와 달로 우뚝 솟아 빛나리라

望夫石(망부석)

青山明月 心修目 (청산명월 심수목)
流川河海 不水量 (유천하해 불수량)
竹葉相間 愛歌鳴 (죽엽상간 애가명)
柳緩任期 望夫石 (유완임기 망부석)

청산에 밝은 달 비치면 눈물 감추고
흘러간 냇물과 바닷물의 양은 알지 못해도
댓잎은 서로 간에 사랑을 노래하고
버들은 늘어져 임을 기다리다 망부석 되었네!

---

* 수(修) : 감추다, 거두다.
* 유완(柳緩) : 버드나무가 늘어지다.
* 기(期) : 기다리다

鳴鶴(명학 : 학이 울면)

松上鳴鶴鼓 (송상명학고)
人以不知明 (인이불지명)
流川水量不 (유천수량불)
恁愛永赮之 (임애영하지)

소나무 위에 학은 우는데
사람이 밝음을 알지 못하니
흐르는 냇물의 양을 알지 못해도
임의 사랑은 영원이 붉구나!

---

* 恁 : 생각할, 당신 임, 赮 : 붉은 노을 하.

西山赮赤(서산하적 : 서산의 붉은 노을)

獨夜月明晴 (독야월명청)
杜鵑送像鳴 (두견송상명)
西山赮赤之 (서산하적지)
恁認愛之認 (임인애지인)

달 밝은 외로운 밤에
두견은 어이 우는가
서산에 노을 붉으니
임의 사랑인가 하였네!

---

* 杜鵑(두견) : 서쪽새(충청도 천안의 방언), 표준어는 소쩍새.
* 送像(송상) : 어이.
* 赮(하) : 노을 하, 認(인): 알다 인, 인식하다.

| 시평 |

『산뱅이 가는 길』을 읽고

홍 윤 표 | 전 연세대학교 국문학 교수

어느새 김종식 형은 회갑을 바라보는 고개에 와 있습니다.

> 제기랄—
> 그새 50이냐?
> 뭐 남긴 것도 없는데!
>
> — 2004. 9. 10. 「쉰 살 비애(悲愛)」

쉰 살 비애를 느낀 것도 2004년이니 이제는 어느덧 다시 예순 살의 고비를 향해 줄달음치고 있습니다. 그러나 언제나 그렇듯이 김종식 형은 아직도 어린이입니다. 세상을 바라보는 눈도, 그리고 사람을

대하는 태도도, 그리고 남을 배려하는 자세도, 그리고 청순한 목소리까지도 모두 때묻지 않은 순수 그대로입니다.

어린 숫된 눈과 마음으로 바라본 산뱅이 가는 길은 시골 어린이가 본 자연과 세상과 생활입니다.

마당가에
모닥불 연기
멍석 위엔 모기가
극성스럽고

손자 녀석 더울세라
할머니가 부쳐주는 부채
할아버지가 들려주는 옛이야기

—「여름날에」

이 시는 옛날 산뱅이 마을의 앞마당을 연상케 해 줍니다. 모깃불 피워 놓고 할머니는 연신 부채질해 주시고 할아버지는 구수한 옛날이야기를 해 주시는 동화 같은 꿈의 세계를 그리고 있습니다.

그러면서도 개구쟁이와 같은 모습도 보입니다.

남산 서쪽새 우는 달밤

냇가에 목욕하는 처녀들
홈쳐보는 맛에
모기 무는 줄 몰랐다

—「여름날에」

소쩍새가 솥 적다고 밤새도록 울어대는 여름 밤에 모기 무는 줄도 모르고 몰래, 냇가에서 목욕하는 처녀들을 훔쳐보던 천진난만하면서도 개구진 개구쟁이의 모습을 이 시 한 수에서 뭉클 느낍니다.

그녀와 소꿉놀이하던
소나무는 없어졌어도
내 유년의 꿈이 있다
송사리 잡던 내도 여전히 있다.

—「외로움」

그러나 이젠 그런 옛날의 모습은 어디로 갔는지, 도시로 나와 월급생활을 하다가 언뜻 가 본 고향은 아련히 추억으로만 남아 있습니다. 비록 소나무는 없어졌어도 송사리 잡던 냇물 속에서 어렸을 적의 꿈을 문득 발견하며 소나무 향기를 느끼는 아련함이 스며 있습니다.

꿈도 야망도
아직은 그대로인데

푸르름을 잃어버린
하나 남은 낙엽
모진 바람에 흔들리고

소복이 쌓인 눈 위의
나그네 발자국만 햇빛에 외롭구나!

—「외로움」

쓸쓸한 겨울에 눈 위에 찍힌 나그네 발자국이 어렸을 때의 꿈도 야망도 그대로 남아 있지만 어느새 젊은이로 변모한 작가를 외롭게 하는가 봅니다.

어느 새 한문도 익혀서 한시를 읊고 쓰니 이것은 김종식 형의 향토 연구를 통해 익힌 한문 실력일 것입니다. 김종식 형은 '산뱅이 가는 길'의 길목인 목천의 동리에 향토사학자 고 이원표 선생님과 함께 향토 연구에 골몰하여서 시골 구석구석을 돌아다니며 문서 한 장이라도, 기왓장 한 쪽이라도, 돌멩이 하나라도 역사적 가치가 있다고 하면 모아 놓고 이들을 해석하고 설명하면서 향토사 연구에 골몰해 왔습니다. 그래서 아직도 천안전통문화연구회의 총무 일을 맡아서 궂은일을 마다하지 않고 열심히 하는 모습은 한시를 통해 더욱 뚜렷이 볼 수 있습니다. 그래서 남다른 애국심도 생기는 것입니다.

韓國堋垜 泰山巒 (한국붕타 태산련)
誠金後援 日本扶 (성금후원 일본부)
獨島本國 妄言是 (독도본국 망언시)
天脫冠而 得一点 (천탈관이 득일점)

誠金後援 狂人及 (성금후원 광인급)
獨島韓國 永遠地 (독도한국 영원지)
東海偎島 朝鮮心 (동해외도 조선심)
日月天地 朝鮮矗 (일월천지 조선촉)

한국으로 몰려와 태산을 이루어
성금을 걷어 일본을 도왔는데
독도는 일본 땅이라고 망언을 하니
개 자식들이구나

성금 후원은 미친 짓이요
독도는 영원한 한국 땅이니
동해의 외로운 섬 조선의 심장
조선의 해와 달로 우뚝 솟아 빛나리라

—「無罪 春雨(무죄 춘우)」

그래서 김삿갓의 '天脫冠而 得一点', 즉 '犬'[개]을 인용하였지만, 차마 '乃失枚而横一帶', 즉 '子'(새끼)라는 뒷부분까지는 인용하지 못하는 여린 마음도 있습니다. 그래서인지 이 김삿갓의 한시 한 구를 다른 의미로 전환시켜 다른 시로 만들고 있습니다. **'天字脫冠'(벼슬길에서 물러나도) '得辱一點'(평생의 작은 치욕 남기네)로 바꾸어 설명하는 여유로움도 보입니다.**

崑崙之玉 (곤륜지옥) 곤륜산의 옥도
河之邊石 (하지변석) 하천변의 돌이여
青山明月 (청산명월) 청산의 밝은 달도
西山落海 (서산낙해) 서산에 지는 해와 같네!

杜楠文人 (두남문인) 문학을 도둑질하더라도
不士根本 (불사근본) 근본은 선비가 아닌데
萬折必東 (만절필동) 이곳에서 반드시 일어나
非禮不動 (비례불동) 예가 아니면 움직이지 않으니

天字脫冠 (천자탈관) 벼슬길에서 물러나도
得辱一點 (득욕일점) 평생의 작은 치욕 남기네
雲松間月 (운송간월) 달은 구름과 소나무 사이로
天地連情 (천지연정) 천지간에 정으로 이어지네

—「天明(천명) : 바른 길」

그래서 곳곳에 향토색 짙은 어휘들을 사용하고 있습니다. 지명만 하더라도 '공자산, 나라실, 용연저수지, 질마재, 왜룽, 삼거리, 영남루, 월현산, 성불사, 태조산, 산뱅이, 흑성산, 만일사, 꼬꼬바위, 덕회산, 왕자산, 봉화산, 추모각, 동리, 정승골, 홍문골, 목천, 독립기념관, 봉서산, 복구정, 취암산, 은석사, 홍경사지, 연화봉'들은 이 시집의 곳곳에서 볼 수 있습니다. 천안에서 목천을 거쳐 덕전리 목천 산뱅이를 가는 길목에 그리고 천안의 태조산과 시내 곳곳의 모습이 이 시에 정답게 그려져 있습니다.

그러나 뭐니 뭐니 해도 '공자산'은 김종식 형이 가장 잊지 못할 곳인가 봅니다. 목천 중니 마을이 고향이니 공자산은 김종식 형의 태실이 있는 곳과 같을 것입니다. 엄마의 산소가 거기에 있으니까요. 아마도 눈을 감고 있어도 공자산의 모든 봉우리들이 한눈에 들어올 것입니다. 그래서 언제나 마음은 공자산을 떠돌고 있습니다.

공자산 자락 우리 집
뒤꼍에 조그마한 장독대

밤나무 가지 베어다
울타리 만들고
왼 새끼줄에
숯이랑 솔가지랑 금줄 달고
(중략)
비바람 풍상에 주름진 세월
대답은 없어도
울 엄마 웃음이 보일 듯 말 듯.

—「장독」

그래서 먼 훗날에 백학이 되었다가 공자산으로 가서 쉬려는가 봅니다. 태어나서 자라서 그리고 생활하고 이제는 내 마음의 쉼터가 된 공자산은 영원한 마음의 쉼터인 것입니다.

60이 넘어도 아니 70, 80이 넘어도 공자산을 맴도는 영원한 어린이의 영혼을 지닌 김종식 형은 언제나 우리 곁에서 아름다운 우리 고향의 노래를 계속 부를 것입니다. 늘 웃으며 그리고 자연과 인생을 관조하면서.

| 축하글 |

國峯 김종식 시집 『산뱅이 가는 길』 출판을 축하드립니다

여미 박 인 태

나이가 오십 중반을 넘긴 사람이라면 나름 유년의 기억을 평생토록 간직하며 한 살 더할수록 더욱 뚜렷하게 기억되고 틈나는 대로 회자함을 큰 낙으로 산다.

그때마다 같은 이야기를 여러 번 들은 자녀들과 배우자까지 지겹도록

"천 번은 더 들었다."고 핀잔을 준다.

아직 할 이야기가 무궁무진한데 그렇게 중언부언 지겨운 이야기로 들렸던 것인가?

아직 못다 한 이야기, 잊혀서는 안 되는 이야기가 듣고 싶지 않은가?

삶의 근본이 되는 흙 이야기……,

흙은 조상이요, 나를 살찌운 밥이요, 환란의 때 보호해준 방패이다.

그리고 궁극적으로 내가 돌아갈 안식처인 것이다.

그래서 내 모든 생각과 행동은 그 흙을 닮지 않을 수 없는 것이다.

국봉님의 시집을 읽다 보면 그 생각이 조금은 달라질 것이다.

그렇게 목천 산뱅이를 빼다 박은 시인을 알고 나서 천안이 좋아졌다.

가파른 태조산길을 씩씩하게 넘어 오가면서, 먼지가 푸석푸석 날리는 시골길을 터벅터벅 걸으며 조상이 묻히고 옥수수가 익어가는 산뱅이를 사고하며 읊조린 노래들이 바로 시어(詩語)가 되었을 것이다.

김종식 시인님의 시어는 너무나 향토적이어서 아

무런 설명도 덧붙임도 필요하지 않다.

끊임없이 계속되는 '산뱅이' 남들은 오지라고 기억하지도 않는 그곳을 너무나 사랑한 시인의 마음에 피안의 세계관이 결집되어 이번 시집에서 선보인 것이다.

시인이 오직 바라는 바는 힘없는 백성들이 위정자들의 눈치를 아니 보고 편히 살 수 있는, 그러한 낙원의 모습을 『산뱅이 가는 길』에 조금은 투박하고 도전적인 모습으로 마지막 남은 양심 있는 유학자적 필치로 보여주고 있다.

시인은 부단한 자기 성찰의 완성을 시집 한시(漢詩)작품을 통해

日我見者 每笑好(일아견자 매소호), 해는 나를 보고 마냥 웃으라 하고
月我見者 每忍耐(월아견자 매인내), 달은 오래 참으라 하고
海我見者 每靜淹(해아견자 매정엄), 바다는 고요함을 닮으라 하고

岩我見者 每緘口(암아견자 매함구), 바위는 가벼히 말하지 말라 하고

木我見者 每不變(목아견자 매불변), 나무는 변치 말라 하니

風我見者 每畸諺(풍아견자 매기언), 바람은 나를 보고 바보라 속닥이네.

수행자적 깨달음인 '해탈(解脫)'을 노래하고 있다.

결국 시인의 산뱅이를 사랑하는 마음은 천안을 사랑하게 되어 고향의 역사와 풍습을 연구하는 향토사학자가 되었으며, 그 깊은 학식은 천안 금석문(金石文) 연구의 대가로 조상의 뿌리를 찾고 계승하는 족보 관련 학자로서의 넓고 해박한 지식이 문학작품으로 승화되어 드디어 국봉 김종식 시인님의 시집 『산뱅이 가는 길』이 세상에 나오게 된 것 같다.

김종식 시인님의 작품은 독자로 하여금 저절로 그 뿌리인 흙을 사랑하는 맘으로 회귀하게 한다. 앞으로 태어나게 될 작품을 고대하는 독자의 한 사람으로 정감이 가는 시집 출판에 어설픈 글로 축하의 인사를 몇 자 적어본다.

단언컨대 산뱅이를 품고 있는 왕자산을 향해 근동의 모든 산들이 절을 하고 있는 안산조배(案山朝拜)의 형상과 같이 우리나라 문단의 찬란한 별이 될 것이며, 『산뱅이 가는 길』의 출판을 두 손 크게 벌리고 큰 박수를 보낸다.

국봉 김종식 시인의 첫 시집 『산뱅이 가는 길』 축하의 글로 천안 사는 시인 麗尾 박인태 삼가 인사 드린다.

| 축하글 |

國峯 김종식 시인님의 시집 『산뱅이 가는 길』 출간에

선우 오 인 자

천안 목천 성거산 아래 은하수 고운 길에 만난 반딧불 같은 국봉 김종식 시인님은 지난 어느 해에 함께 등단한 동료 시인으로, 개울가에 핀 야생초처럼 순수하며 맑은 시냇물 같은 시인입니다.

때로는 냇가의 굳건한 바위이며, 때로는 큰 산을 이루어 든든하며, 때로는 위정자들에게 송곳 같은 절의를 전하기도 합니다. 은하수 같은 맑은 하늘의 별 같은 시인의 마음은 큰 바다 같기에, 오랜 시간 어린 시절의 고향에 대한 향수를 그려낸 시집, 『산뱅이 가는 길』은 시인의 이상이 녹아 태동을 맞이

하는 것입니다. 동료 시인으로서 진심으로 축하하며 무한한 박수를 보냅니다.

시인이 가는 길은 결코 비단을 덮은 평탄한 길이 아니고 시는 많은 추억의 산물이 녹아 만들어진 결과물입니다. 많은 독자들로부터 사랑을 받아 나라를 지탱하고 가족을 지탱하는 밑거름이 되리라 확신하며, 여름날 밤하늘을 수놓은 반딧불이 밝게 빛나기를 바랍니다.

청산의 맑은 꽃구름은 늘 맑은 시냇물이 되듯이 국봉 김종식 시인님의 시집『산뱅이 가는 길』출판을 기쁜 마음으로 축하를 드립니다. 더욱이 축하의 글을 부탁받고 심히 기쁜 마음에 두서없는 축하의 글을 쓰는 내내 어린 시절의 향수에서, 청산의 밝은 달을 가슴으로 안은 국봉 김종식 시인님의 산뱅이 가는 길을 따라 걸었습니다. 임의 시는 청랑한 보석 그 자체임에 망설임이 없으므로, 타산지석(他山之石)으로 이 나라 문단의 초석이 되리라 믿어 의심치 않습니다.

먼 훗날에도 기억되는 시인으로, 먼 훗날에도 기

억되는 천안향토사학자로, 먼 훗날에도 기억되는 문단의 거목으로 남아, 밝은 문단에 달과 별이 은하수가 조화를 이루듯이 빛과 소금이 되기를 간절히 바라며, 국봉 김종식 시인님의 시집 『산뱅이 가는 길』 출간 축하의 글로 대신합니다.

청산은 불러도 말이 없고
매어놓은 꿈마다
꽃은 피고 지는데

은하수 다리는 건너지 못하여
가슴만 아려오면
길손은 화답하여 웃고

개울가 빨래하는 새댁
불그레한 꽃웃음
달마저 따라 웃는다.

2014년 만추지절에 선우 오인자

말미에

오랜 시간을 망설이다가
그동안의 글을 모아 작은 흔적을 남긴다.

모름지기 글이란 마음의 선율을 담아 남겨진 작가의 고뇌에 찬 투혼의 흔적으로, 더러는 대중을 울리고, 더러는 사회의 잘못된 정치적 이념에 휘둘리기도 하는데, 나름의 혼은 살아 있기 마련이다.

단풍과 설원의 아름다움도 어떤 이에게는 아픔이며, 어떤 이에게는 그리움의 동경이기에, 가슴으로 남은 기억과 추억들이 흘러가는 구름은 아니길 바라본다.

목천 산뱅이 공자산 기슭에서(天安 木川 山芳이 孔子山麓)
언양후인 국봉 김종식(彦陽后人 國峯 金 鍾植)

김종식 시집

산뱅이 가는 길

인쇄 2014년 08월 25일
발행 2014년 08월 30일

지은이 김종식
발행인 서정환
펴낸곳 신아출판사
주소 전북 전주시 완산구 공북 1길 16
전화 (063) 275-4000 · 0484 · 6374
팩스 (063) 274-3131
이메일 sina321@hanmail.net shina2347@naver.com
출판등록 제465-1984-000004호
인쇄 · 제본 신아출판사

ISBN 979-11-5605-124-4 03810

값 10,000원

이 도서의 국립중앙도서관 출판시도서목록(CIP)은 서지정보유통지원시스템 홈페이지(http://seoji.nl.go.kr)와 국가자료공동목록시스템(http://www.nl.go.kr/kolisnet)에서 이용하실 수 있습니다.(CIP제어번호: CIP2014025262)

Printed in KOREA